Norte, sur, este y oeste

por Allan Fowler

Versión en español de Aída E. Marcuse

Asesores:

Dr. Robert L. Hillerich, Universidad
Estatal de Bowling Green, Bowling Green, Ohio

Mary Nalbandian, Directora de Ciencias,
de las Escuelas Públicas de Chicago, Chicago, Illinois

Fay Robinson, Especialista en Desarrollo Infantil

CHILDRENS PRESS®
CHICAGO

Diseñado por Beth Herman Design Associates

Catalogado en la Biblioteca del Congreso bajo:

Fowler, Allan
    Norte, sur, este y oeste / por Allan Fowler.
      p. cm. –(Mis primeros libros de ciencia)
      Resumen: Da un explicación sencilla sobre los cuatro puntos cardinales
y enseña cómo usar el para determinar en qué dirección se ha de ir.
      ISBN 0-516-060   2
      1. Puntos cardinales–Literatura juvenil. [1. Puntos cardinales.
    2. Orientación] I. Título. II. Series: Fowler, Allan.
    Mis primeros libros de ciencia.
G108.5.C3F69 1993
526.6–dc20   92-39261
                                          CIP
                                          AC

Cuando Carola va a la
escuela cada mañana –
¿en qué dirección camina?

3

Va hacia el norte.

La escuela queda al norte
de la casa de Carola.

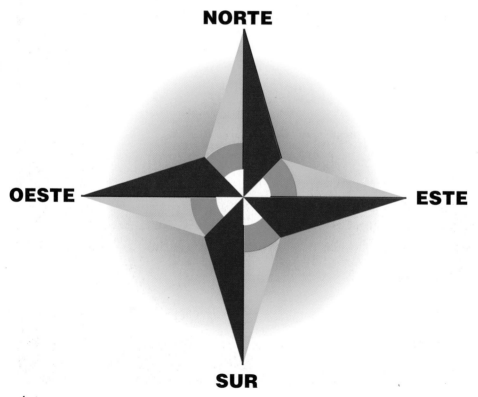

5

Cuando vuelve a casa, Carola camina hacia el sur.

NORTE

SUR

6

Si la escuela queda al norte de la casa de Carola,

la casa de Carola debe estar al sur de la escuela.

Cuando Carola sale para
la escuela, su padre toma
un autobús hacia el este
y se va a trabajar.

NORTE

SUR

8

NORTE

OESTE

ESTE

SUR

Y para regresar a casa al anochecer, toma un autobús que va hacia el oeste.

9

Norte, sur, este y oeste son
los puntos que señalan la
dirección – o los cuatro
"puntos cardinales" –.

También hay
puntos intermediarios.

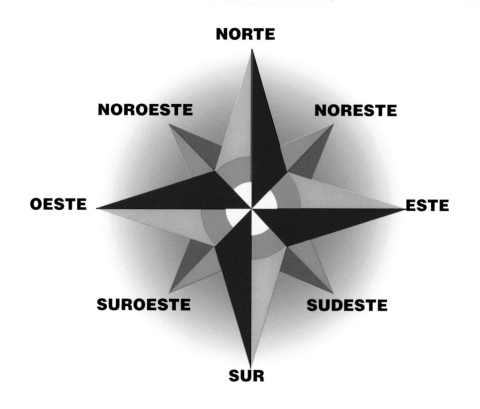

Como el noroeste, que queda entre el norte y el oeste – y el noreste, el sudeste y el suroeste –.

Encontrar direcciones es fácil.

Alcanza con que recuerdes que
el sol siempre sale por el este –

y se pone por el oeste –.

Muy temprano de mañana, si estás de cara al sol,estás mirando al este.

Si estás de frente al sol al
atardecer, cuando éste se pone,
estás mirando hacia el oeste.

Si te paras con tu mano
derecha apuntando hacia
donde sale el sol, y tu
mano izquierda hacia
donde el sol se pone –

estás mirando hacia
el norte–.

Y si giras sobre ti misma
de modo que tu mano
izquierda señale hacia
donde el sol sale, y tu
mano derecha hacia
donde el sol se pone –

estás mirando hacia el sur –.

19

↑mi escuela

↑mi casa

Puedes encontrar cualquier lugar si sabes en qué dirección está, y cuán lejos queda de donde estás.

Carola va a visitar a
sus tíos.

Su tío y su tía le dijeron
que viven tres cuadras al
este y dos cuadras al sur de
la casa de Carola.

¡Ahora Carola sabe cómo
seguir adelante!

¿Sabes en qué dirección está tu escuela con respecto a tu casa?

25

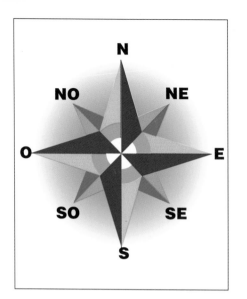

¿En qué dirección está la casa de tu mejor amigo?

¿Dónde está el supermercado?

¿Y el cuartel de bomberos?

¡Qué maravilla que el sol siempre salga por el este y siempre se ponga por el oeste!

Porque si no lo hiciera así, la gente siempre andaría perdiéndose.

Dirección

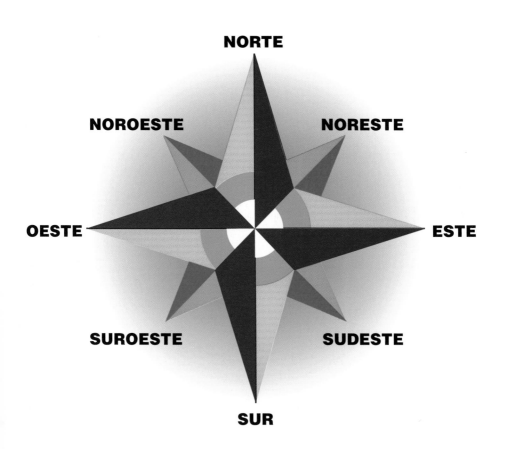

NORTE

NOROESTE

NORESTE

OESTE

ESTE

SUROESTE

SUDESTE

SUR

Índice

Acerca del autor:

Allan Fowler es un escritor independiente, graduado en publicidad. Nació en New York, vive en Chicago y le encanta viajar.

Fotografías:

PhotoEdit – ©David Young-Wolff, 3,5, 6, 8, 9, 17, 19, 23, 25, 26 (arriba derecha); ©Sven Wachli, 13; ©Michael Newman, 14, 15; ©Robert Brenner, 26 (abajo izquierda)

Photri – Tapa

SuperStock International, Inc. – ©L. Chiger, 12; ©S. Maimone, 26 (abajo derecha); ©G. Alter, 29

Ilustraciones de Beth Herman Design Associates – 4, 11, 20, 22, 26 (arriba izquierda), 30, 31

TAPA: Una veleta